真宗教育シリーズ6

# 「私」をあきらかにする仏教

小川一乘



真宗文庫

# 目次

凡例

本文中の『真宗聖典』とは、東本願寺出版（真宗大谷派宗務所出版部）発行のものを指します。

# はじめに

今日は「釈尊《しゃくそん》から親鸞《しんらん》へ」をメインテーマにお話させていただきます。

東本願寺から出版されているテキストに『釈尊　生涯と教え』、『親鸞　生涯と教え』の二つがあります。あるいは大谷派教師資格取得のためのテキストも、親鸞聖人《しょうにん》（以下「親鸞」と略称）の教えを説明している『浄土の真宗』と仏教全体の教えを説明している『大乗《だいじょう》の仏道』という二冊があります。このように、親鸞と釈尊、あるいは真宗と仏教というものが、まるで車の両輪のように、それぞれ別のものとして捉えられているようですが、実は軸で繋がっているわけで、本来別々にあるものではないのです。ところがどうしても、真宗に関わる時は親鸞の教えを学ぶ、また仏教に関わる時は釈尊の教えを学ぶ、というように、それぞれを別のものとして分けてしまっているように思います。そしてまた別々の教えとして、それぞれを無理矢理に結び付けているというような場合もあります。

釈尊に始まった仏教ですが、そこから枝分かれして浄土真宗の教えがあると考えてしまいます。しかし、そこに流れている思想性ということにおいては、別々な教えとして枝分かれしているのではなくて、同じものが釈尊の教えとなり親鸞の教えとなっているのです。そのように、釈尊と親鸞に同じように流れている仏教、釈尊と親鸞の教えの根本にある同じ思想とは何かということをたずねていきたいと思います。

（註）僧侶として、宗祖親鸞聖人の教えをひろめ、儀式を執り行う、真宗大谷派における資格。

## 近代理性主義とは

もうひとつ、サブテーマとして「近代理性主義を克服する」と掲げたいと思います。この「近代理性主義」というところに、教育における問題ということも含めて、人間のさまざまな問題の根っこがあるように思います。

「教育とは何か」ということについては、私は教育学者ではありませんので何も申しあげられませんが、そもそも教育学というものは、欧米のキリスト教において、教育をグローバル化して語ることができなくなってきたところから生まれてきた学問なのです。そういう意味で、「世界はキリスト教の教えの下にある」という時代には、そもそも教育学は必要なかったのです。

ですから、一般にいわれる教育学とは、キリスト教の教えに則《のっと》った教育によって構築されるものです。そして日本の、特に公立・国立の学校は、その流れにある教育学がベースになっています。初等教育であろうが中等教育であろうが高等教育であろうが、すべて欧米の教育学をベースにした教育理念によって成り立っているのです。実際、文部科学省がそれによって指導しているということが必然的にあろうかと思います。

そういった教育学、つまり欧米の物の考え方というのは、やはり

「理性」を最も大切にする立場にあります。理性信奉《しんぽう》主義といいますか、「人間はこうあるべきである」という発想が常に根底にあるのです。しかし、「そうならないのはなぜか」ということは問われないので、「そうならないのは悪いことだ」といって理性主義に立つのです。人間には理性があるはずだという前提に立って考え方がすべて成り立っているのです。哲学もそうですし、哲学から生まれてきた教育学も同じです。

先日テレビを見ておりましたら、シリアに対してのアメリカの武力行使がニュースになっていました。アメリカの持っている根深い問題というものをつくづく感じました。『殺す理由―なぜアメリカ人は戦争を選ぶのか―』（リチャード・E．ルーベンスタイン著、紀伊國屋書店発行）という本を読みましたが、その本では、なぜアメリカはいつの政治体制であっても戦争を続けなければならないのか、なぜ一〇〇万人以上の一般の民衆を殺し続けてきているのか、そしてそれがなぜ正当化されるのか、そういう問題をアメリカ人自身が問い直しつつ、その理由を綿密に説明しています。あの九．一一に起こった飛行機テロの事件でアメリカがパニックになっていた時に、「なぜそういうことをテロリストはしなければならなかったのか、アメリカの方にも問題があるのではないか」と、この本の作者が問題提起をした途端、「テロリストは悪魔であるから悪事をしたのであって、その原因や理由を問題にするのは悪魔の同調者である」と彼はアメリカ中から猛烈な抗議や非難を受けたのです。「それがアメリカである」ということからこの本は始まっているのですが、アメリカは戦争というものを、すべて正義の行いとして続けてきているのです。どうしてかといいますと、悪事をなすのは理性に反することであり、そのような者は排除されなければならないのです。ですから「なぜ悪人を殺すことが正義なのか」という問い自体が、アメリカ人には見えないのでしょう。

日本では、古くから「罪（犯罪）を憎んで人（犯罪者）を憎まず」といわれています。これは仏教の考え方です。そのことは、これからあきらかになると思いますが、最近では、日本でも罪よりも人を憎むようになり、犯罪者を社会から排除しようとして死刑を求めます。

これも近代理性主義の影響であるといえます。このような近代理性主義とは一体何なのだろうか。私にとって長い間の課題となっているのは、このような問題を、仏教をとおして問い直していかなければならないということです。そのようなことを踏まえながら、釈尊から親鸞へということでお話を進めさせていただきたいと思います。

# 仏教の出発点　―釈尊の問い―

釈尊の教えというのは、生老病死《しょうろうびょうし》に苦悩する、人間の根本的な苦悩、これをどう克服していくのかということが出発点です。考えてみればおかしな話で、生老病死に苦悩するのは人間だけなのです。ほかの生き物は苦悩しません。人間だけが歳をとることに苦悩し、病気をすることに苦悩し、死ぬことに苦悩するのです。人間として生まれたが故《ゆえ》に、老・病・死を苦悩として生きなければならない。それは一体なぜだろうという問題です。

私の家には猫が一匹いまして、もう二十年は生きていると思います。人間でいえば百歳ぐらいの計算になるそうです。年寄りになって片足を引きずっているのですが、私の目から見ると、病に悩んだり、老いることに悩んだりしているようには見えません。病のままに老いるままに、悠々と生きているのです。老いを引き受けて生きていく、そのような姿を見ながら羨《うらや》ましいとも思いますし、またなぜ私はそのようになれないのだろうかと思います。

なぜ人間だけが生老病死に苦しんで生きなければならないのか、これが釈尊の問いだったのです。理性で考えれば、生まれたからには歳をとるのは当たり前です。生身の体を生きているのですから病気をするのも当たり前のことです。そしていのちが終わるのも当たり前です。そのことに苦しんだり悩んだりするべきではないというのが理性主義です。けれども、なぜ人間は、当たり前のことが当たり前だと引き受けて生きることができないのでしょうか。その問題について、理性主義では問うことができません。

## 「私」とは何か

このことについて、理性で何とかすべきではないかといわれても、理性ではどうにもなりません。これは人間だけが背負っている「業《ごう》」といえます。それは、人間として生まれたが故になぜ生老病死に苦悩しなければならないのかという問題です。その苦悩をどう乗り越えていくかということが釈尊の出家《しゅっけ》の動機でした。まず仏教ということを、このように押さえる必要があると思います。

人間にだけある生老病死に対する苦悩は何によって起こるのか。日ごろ私たちは、「私」がいて、「私」が生きている、「私」が歳をとる、そして「私」が死ぬのだと、いつも「私が私が」といって生きています。実はこの「私」こそが苦悩の原因ではないかという問題です。

この「私」を釈尊の時代の言葉でいえば「アートマン」といっていいでしょう。アートマンとは、「我」と漢訳されていますが、近代的にいえば、哲学の世界における「自我」、つまりエゴということでしょう。自我の問題、すなわち、「私」とは何者なのかという問いです。生老病死を苦悩するという問題の基本には、それを苦悩としている「私」がいるのです。その「私」とは何かという問題が釈尊の問いだったのです。

「私」というものが本当に存在するのだろうか、「私」とは何者なのだろうか、そのことを確かめたのが釈尊の六年間の苦行であったわけです。苦行とは「私」という存在を確認するための厳しい修行のことです。「私」とは何者であるかということがあきらかになれば、生老病死の苦悩からの解放が可能となるはずである。そのために苦行するのですが、釈尊は六年間の苦行の結果、そのような「私」はどうみてもあり得ない、存在し得ないのだということに気づかれたのです。

苦行によって人間の業から解放されることはない、生老病死という苦悩から解放されることはない。そのことがあきらかとなって、釈尊は苦行を捨てるわけです。そしてその後、間もなく釈尊は覚《さと》りをひらかれる、そのような順序になっているのですが、ともかく苦行によって釈尊は「私」という存在を確認することができなかったのです。

釈尊の伝記によりますと、苦行を続けて、肉体が衰弱し、死の直前にいたるまで苦行を続けたが、この肉体のほかに「私」というものが存在するのなら、その「私」が輝き出るはずなのに、そういうことはなく、ただただ疲労困憊《こんぱい》して意識が朦朧《もうろう》となるだけであったと、そう告白されています。そのような中で、「私」という存在を確かめることができなかった釈尊ですが、それでもなお、生老病死を苦悩として生きている私がここに厳然として存在している、これはいったいどういうことなのだろうかと、あらためて問われるのです。

## 生かされている私

そのような問いが、釈尊を覚りへと導いていくのです。つまり、「私が生きている」ではなくて、「生かされている私」であったということへの目覚めです。「私」がいて、「私が生きている」のではない。さまざまな因縁《いんねん》によって「私」はあり得ているだけなのである。このことを、仏教の用語で「縁起《えんぎ》」（縁《よ》って起こっているもの）というのですが、それをここでは分かりやすく「生かされている私」と表現してみました。

この縁起という言葉は非常に優れた漢訳です。縁とは因縁のことであり、普通は、この因縁を因と縁とに分けて、因は原因、縁はそれを助ける助縁であると考えています。しかし本来は分けられないもので、すべては因ともなり縁ともなるのです。したがいまして、因縁とは、因と縁ということではなく、因すなわち縁ということです。

この「縁起」という言葉に戻りますが、諸々の縁によって、私たちは「起」、つまり生起《しょうき》しているのです。一瞬一瞬のあり方を「起」といいます。これを「存在」といってしまうとスタティック（静的）なのですが、「起」というとダイナミック（動的）です。私たちのいのちが一瞬一瞬ダイナミックに生きていることを示しているのです。ですから、漢訳は「縁在」とも「縁存」とも翻訳しなかったわけです。私たちのいのちはスタティックではなく、ダイナミックに一瞬一瞬輝いて生きているということです。それであるから「縁起」と漢訳されているのです。縁起という漢訳は優れた訳であると思います。

私たちの存在は様々な因縁がダイナミックに起こっている状況の中であり得ている、それが縁起という言葉の基本的な意味です。漢字で表すと難しいですが、それをさまざまな因縁によって「生かされている私」とか「生かされているいのち」と表現すれば少し分かりやすくなるのではないでしょうか。しかし、生かされている私ということを、本当に自分自身のうえに考えて、自分にいただいていくには時間がかかります。

## 釈尊の目覚めたもの

とにかく、「私が生きている」のではなく、「生かされている私」であるということをあきらかにしている道理《どうり》を「縁起の道理」といいます。ですから、釈尊が六年間の苦行を捨ててお覚《さと》りをひらいた時に、縁起の道理をもって、自分自身を繰り返し見つめられたと説かれています。道理というのは、自分の思いや考えとかそういうことではありません。道理とはいわば真理《しんり》とか理法ということです。縁起という道理をもって、私たちは本当に「私」の力で生きているのだろうか、違うのではないだろうか、ということを繰り返し観察したのです。その基本が「苦集滅道《くじゅうめつどう》」という四聖諦《ししょうたい》（四つの聖なる真理）というあり方で観察していくわけです。第一の「苦」という聖なる真理は、すべての存在は苦しみであるということです。次にその苦しみをもたらしているものは何であるのか、その原因をあきらかにするのが「集」という聖なる真理です。次に、その苦しみを滅した状態が「滅」という聖なる真理です。そして最後に、その苦しみを滅するためにはどういう方法があるのだろうか。その方法が「道」という聖なる真理です。これを苦集滅道の四聖諦といいます。例えば、私たちも病気（苦）になれば病院に行って病気の原因（集）が分かり、病気を治して健康（滅）になるための治療（道）を受けます。これが苦集滅道という聖なる真理です。

釈尊は、生老病死に苦悩する原因を苦集滅道という方法をもって問い、「私が生きている」のではなく「生かされている私」であったということに目覚めたのです。すなわち、「私」こそが生老病死の苦悩の原因であることを突き止めて、その「私」の存在を縁起の道理によって否定したのです。これが釈尊の覚りということなのです。

釈尊のこの覚りのことを親鸞は「等正覚《とうしょうがく》」という漢訳を基本的に用いておられますが、「等」というのは等しいということで、等しいとは差別が無いということです。勉強した人しない人、頭の良い人悪い人に関係なく、誰にでも等しくある正しい覚りということです。特別に難しいことではなく、誰にでも起こり得る智慧《ちえ》のことを、「等しく正しい覚り」と、そういう意味のサンスクリット語を直訳したものが「等正覚」という言葉です。ですから、釈尊の覚りというのは決して難解な事柄ではなく、それは、誰にでも等しく起こり得る、しかも正しい目覚めである、これが等正覚という言葉の意味です。決してノーベル賞をもらうような難解なことではなく、因縁があれば誰もが目覚めることができるのです。ですから今ここに居られて、私の話を聞いてくださって「ああ、そうだったな、そういうことだったんだな」と納得した人は目覚めた仏さんなのです。

## 凡人は覚りをひらけないのか

特別な修行をしなければ覚れないとか、よほど仏教のことを勉強しないと覚れないとか、そういうことではありません。「生かされている私」である、それなのになぜいつも「私が生きている」と「私が私が」といって悩んでいるのだろうか。縁起の道理に基づいて、生老病死に苦悩する自分を観察してみれば、「生かされている私」であったと、これに目覚めたら私の苦悩の原因は「私が生きている」と自分の生き方に愛着しているからであると、そのことがあきらかになるのです。これを仏智《ぶっち》（目覚めた人の智慧）ともいいます。

　仏教は仏に成ること、つまり成仏《じょうぶつ》が目的なのです。等正覚という覚りをひらくということが仏に成るということです。比叡山《ひえいざん》を開いた日本天台宗《てんだいしゅう》の伝教大師《でんぎょうだいし》最澄《さいちょう》は、仏になるには三劫《さんこう》の時間がかかるという「三劫成仏」ということを説いています。「劫」（カルパ）というのはインドにおける時間の単位で、人間の常識では計算できないような長い時間を表すのですが、それを三劫ですから三回も繰り返して修行しなければ仏に成れないということです。釈尊が聞いたら「私はそんな難しいことを説いたのであろうか」とびっくりするのではないでしょうか。これに対して真言宗《しんごんしゅう》を開いた弘法《こうぼう》大師空海《くうかい》は、最澄の説いた三劫成仏に真っ向から反対して、この身このままが仏なのだという「即身成仏《そくしん》」を説いています。この身がこのまま仏であることを修行によって実現するということです。

そのような天台宗と真言宗という日本を代表する両極端の教えによって成り立っていた仏教があったので、日本人はいつの間にか、仏智や等正覚という覚りをひらいて仏に成るためにはよほどの修行を積まなければできないことである、凡人にはとうてい不可能なことであるとあきらめていたのです。結論からいいますと、それを打ち破ったのが親鸞なのです。

このような釈尊の覚りについて、釈尊の生きていた当時でも、「私が生きている」のではなかった、「生かされている私」であったという釈尊の覚りに対して、いろいろな人が反対するのです。反対といっても釈尊と激論を交わすのではありませんが、釈尊の説法を聞いて「つまらない」といったり、黙って立ち去った人もたくさんいたのです。つまり「そんなことで人間は生きていけるか」というわけです。人間は自己責任で生きていかなければならないという考え方の人たちです。因縁のままに生きるなどというそんな生易しいことではいけない、自分のいのちは自分が責任をもって生きるのだという、近代の自我思想に非常に近い考え方が当時は一般的であったのです。それが輪《りん》廻《ね》転生《てんしょう》という生命観です。簡単にいいますと、自分の行った行為、善い行いや悪い行いの報《むく》いを受けて、生命は死に変わり生まれ変わりを繰り返すという生命観です。そのためには、「私」という自我が存在しなければ、輪廻転生は成り立たないのです。私がいて、私の努力で、私の力で善いことを行い、悪いことを行わないようにすれば、次の世でもっと幸せに生まれることができると信じているのに、そのような「私」は存在しないという釈尊の教えを受け入れることはできません。そういうことで釈尊のもとを去っていった人もいたわけです。

## 仏弟子のエピソード　―舎利弗―

そのことに関して、紹介させていただきたいエピソードがあります。『仏説阿弥陀経《ぶっせつあみだきょう》』というお経に出てくる舎利弗《しゃりほつ》という方をご存知でしょうか。智慧第一と言われた釈尊のお弟子さんです。『仏説阿弥陀経』においては「長老舎利弗」と呼ばれており、この長老という尊敬語が付くのは舎利弗だけで、他のお弟子さんに長老という言葉は付きません。舎利弗についてのエピソードが初期仏教の中でいろいろな形で伝承されています。

ある時、舎利弗は、王舎城《おうしゃじょう》の方から若い修行僧が歩いてくるのを見かけました。舎利弗は直感しました。その修行僧の姿を見た途端に、「あの者は若いけれども、将来必ずや宗教界で良き指導者となる。優れた人物になるであろう」と、そう直感したわけです。それで、舎利弗はその若い修行僧を呼び止めました。彼はアッサジという名前で、釈尊の最初の説法である「初転法輪《しょてんぽうりん》」によって仏となった人でした。「アッサジ」は「馬勝」と漢訳されています。あるいは、発音通りに「阿説示」とも漢訳されています。

舎利弗の先生はサンジャヤ・ベーラティプッタという名前で、「六《ろく》師外道《しげどう》」の一人です。六師外道というのは、当時のインドで、仏教以外の六つの教えがあり、それは釈尊になんらかの影響を与えたのですが、それぞれ六人の有名な先生がおられました。仏典には六人の先生の教えだけが記録されていますが、おそらくもっとたくさんいただろうと思います。古くは『沙門果経《しゃもんかきょう》』という経典に記録されておりますし、内容が少し異なっていますが大乗仏教の『涅槃経《ねはんぎょう》』の中にも六師外道の教えが説かれています。ともかく、六師外道の一人が舎利弗の先生だったのです。

## 死んだらどうなるか

この先生の教えはこのようなものでした。インドでは、生まれ変わり死に変わりを繰り返していく「輪廻転生」ということが生命《いのち》の常識だったのです。それで舎利弗は先生に対して、「先生、私が死んだら、霊魂は残るのですか、なくなるのですか」と尋ねるのです。その先生は、簡単にいいますと「死んでみないと分からない」と答えるのです。輪廻転生が常識となっている世界において、生命《いのち》を終えた場合に私の霊魂、つまり先ほどいいましたアートマンが存続するのか、消えてなくなるのかという問題です。要するに、アートマンは常住なのか無常なのかという問いに対して、その先生は「死んでみないと分からない」というのです。これには、舎利弗は困ったのではないでしょうか。

この先生は現代の科学者に似ています。現代の科学者、たとえばノーベル物理学賞とか化学賞をもらったような方に「死んだらどうなりますか」と聞いたとしましょう。非常に勉強しておられ、優れた能力を持っている先生でも「死んでみないと分からない」と答えるはずです。絶対に分かったようなことはいいません。これが科学者の立場なのです。科学というのは、あくまでも実験的に証明された事柄を知識としていますから、死んでからどうなるかは証明されていませんよね。ですから、死んだらどうなるかと尋ねられたら、「死んでみないと分からない」と答えるのが科学者です。その科学者が浄土真宗の教えをいただいているとか、そういった場合は科学ということを離れて、個人としていのちに対する仏教的な目覚めをもっておられるかと思いますが、科学の立場に立ったなら、死んでみないと分からないと答えます。これは当然のことなのです。

ですから、そういう意味では舎利弗の先生は科学者だったといっていいと思います。他の仏教学者は、そうはいわないで舎利弗の先生は懐疑《かいぎ》論者であるとか詭弁《きべん》論者であるとか、そういうレッテルを貼るのですが、舎利弗の先生は決して詭弁論者でもなければ懐疑論者でもなく、科学的な知識に基づいた科学者であったと思います。その科学的な答えに対して、舎利弗は納得ができなかったのです。輪廻転生はどうなるのだという問題、死んだらアートマンはどうなるのかという疑問が残っていたのです。

六師外道の多くは、輪廻転生を認めない教えを説いています。その中で霊魂の存在や輪廻転生については死んでみないと分からないということを主張しているのが舎利弗の先生だったのです。あと五人の先生は、詳しくは申しませんが、すべては元素に分解されるという唯物《ゆいぶつ》論や因果応報という道徳の否定などを説いて輪廻転生を否定しています。これらの教えは釈尊に大きな影響を与えています。

## 本当の教えとの出会い

話を戻しますが、舎利弗は王舎城から歩いてくるアッサジを呼び止めて、「あなたの先生はどなたですか、何をお説きになっているのですか」と尋ねるのです。そうすると、アッサジは非常に謙虚に「私は覚りを開いてまだ日が浅いので十分に了解しているとは言えませんが、私の先生は釈迦《しゃか》族の大沙門《だいしゃもん》（出家者）で、すべての存在は因縁によって生まれ、因縁が欠ければ消えていく、その因縁を詳しくお説きになっておられます」と答えるのです。

ところで、釈尊とは「釈迦族の尊者」という意味ですが、釈迦族とは、どのような部族であったのでしょうか。釈迦族は、釈尊の晩年にコーサラ国によって征服され滅亡しましたのでよく分かりません。釈尊の伝記ではアーリヤ人の部族と伝説されています。しかし、釈迦族の居城であるカピラ城の遺跡は、現在のネパール国で発見されていま す。現在のネパール人と似た部族であったのかもしれません。私たちと同じ東洋系の顔をしていたのでしょうか。ロマンがあります。確かなことは、釈尊は私たちが日頃見慣れているガンダーラ地方（現在のパキスタン北部）で紀元後になって造られるようになった仏像のような顔はしていなかったということです。

「すべての存在は因縁によって生まれる」という教えを聞いて舎利弗はびっくりするのです。舎利弗は非常に頭の良い人でしたが、「なんと自分は愚《おろ》かであったか」と慙愧《ざんぎ》するのです。死んだら霊魂が残るとか残らないとか、そのようなことに悩んでいた自分の愚かさに気付くのです。

アッサジの言葉を聞いて大変感銘を受けた舎利弗は、釈尊のもとで直接の説法を聞いて、即座に仏弟子になったのです。これは舎利弗の帰仏についての有名なエピソードですが、釈尊の説く「縁起の道理」に深く感動したのです。

舎利弗は釈尊よりも年上であり、同じ先生のもとには、十大弟子の一人で神通《じんずう》第一といわれている目犍連《もっけんれん》もいました。目犍連も舎利弗のすすめによって釈尊の説法を聞いて仏弟子になったのです。それで、二人はサンジャヤ・ベーラティプッタのもとにいた仲間の弟子二五〇人を引き連れて釈尊のサンガ（教団）に入りました。これにサンジャヤ・ベーラティプッタは怒り狂って死んでしまったとも記録されていますが、それほどショッキングな出来事であったのでしょう。

また、親鸞が七高僧《しちこうそう》として挙げておられるその第一祖はインドの龍樹《りゅうじゅ》（一五〇〜二五〇年頃）という方ですが、龍樹はインドのバラモン（カーストの最高位）の生まれで祭司の僧の身分でした。釈尊の教えに感動して、「縁起を説き給える釈尊」こそが、諸々の説法者の中の最高のお方であるといって仏教徒になるのです。このことは、龍樹の主著である『中論《ちゅうろん》』の最初の「帰敬偈《ききょうげ》」において記録されています。

## 「覚り」から歩みが始まる

舎利弗や龍樹のように、最初は仏教以外の宗教を信じていたが、釈尊の説法を聞いて、「そうでありました」と目覚めて仏弟子となった人もそうでない人も、釈尊の弟子たちはなぜ、さらに修行に励んだのでしょうか。釈尊の教えを聞いて目覚めて仏に成ったのですから修行する必要はないはずです。

そこには、「生かされている私」であったと目覚めたけれども、その途端に、その目覚めたとおりには生きていない自己の現実があきらかになるのです。目覚めてもなお、「私が生きている」という自我の煩悩《ぼんのう》によって束縛され続けている自身が問題となっていくわけです。目覚めたがために、仏弟子たちの修行はそこから始まるのです。

普通は、覚りを求めて修行すると考えられています。しかしそれは間違いです。覚ったからこそいよいよ修行するのです。これは釈尊の時代の初期仏教からの伝統がそうなのです。修行をして覚りを得るのではありません。覚りとは何かはすでにあきらかなのです。あきらかになったけれども、自分は覚ったとおりには生きていないという、そういう自分がいよいよあきらかとなり、目覚めたとおりに生きる者となりたいと、修行が始まるのです。

釈尊の初期仏教においてそういうことが説かれていましたが、日本でも曹洞宗《そうとうしゅう》を開かれた道元《どうげん》がそのことを説いています。道元の主著である『正法眼蔵《しょうぼうげんぞう》』の最初の巻が「弁道話《べんどうわ》」ですが、「弁道話」の中でそのことをはっきりとおっしゃっています。詳しくは申しませんが、「はからずも釈尊の教えの一端にふれたのだから修行しなければならない、座禅をしなければならない」と、そういうことを言っています。覚ったからこそ修行しなければいけないのだと、これがいわゆる道元の座禅です。当時でいえば、天台宗や真言宗とは違った新しい聖道門として、道元の立場がこの「弁道話」に説かれています。

覚ったからこそ修行をするのであって、覚りを求めて修行するのではないのです。覚りとは何かが分からないのに修行するのは、譬《たと》えていえば、ゴールの分からないマラソンのようなものでしょう。どこに向かって行けばいいのか分からないけど、とにかく走ってゴールに行く、それでは辿《たど》り着けるはずはありません。ゴールは分かっているのです。ゴールは分かっているけれども、まだゴールに辿り着けていない私がいる。このように譬えることができるでしょう。

覚ったからこそ、その覚りの実現を目指して修行する、これが仏弟子たちの修行であったわけです。そこに、仏となったけれども修行しなければならないという一つの伝統があります。その流れの中で、親鸞の浄土思想というものがあるわけです。覚ったが故に、この生きている間に修行しなければいけない。そして、覚りのとおりに生きる者となるのだと。そういう立場に、釈尊の仏弟子や道元は立っていたわけです。

覚りや目覚めというものは、「縁起の道理」によって、「私が生きている」のではなかった、「生かされている私」であったと自覚することです。さまざまな因縁によってしか存在していない私であるという目覚めによって、「私が」生きているという自我の束縛を打ち破っていく、解放されようとしていくところに仏教のスタートがあるのです。

## 釈尊を信じて涅槃した仏弟子

このことに関連して、初期経典の中でも古い部類に属する『スッタニパータ』という経典の最後に「彼岸《ひがん》に至る道」という章がありま す。「彼岸」とは、いい換えれば「涅槃《ねはん》」ですが、覚りが実現された世界、覚りによる智慧の世界、「私が私が」という自我の消え去った世界が涅槃です。

その章の終わりのほうに、ピンギヤという仏弟子と釈尊との対話があります。この対話を深く読み込みますと、ピンギヤは「私は年老いて、もう修行できなくなって、どうにもなりません。だから、私はもうこの世において涅槃に至ることはできません。せっかくお覚りをいただきながら、そのように生きることができません。こんな私がいのちを終えたら、また輪廻の世界に生まれ変わって、修行を続けなければならないのでしょうか」と、こう言ってピンギヤは釈尊に泣きつくわけです。ここには、輪廻転生という生命観が常識となっているインドにおいて、その思いから脱しきれずに、「生かされている私」に目覚めつつもそれを疑ってしまう人間の迷いを伺《うかが》うことができます。それに対して釈尊は「あなたは私の教えを聞いてきた方です。だから、あなたはいのちを終えれば必ず涅槃に至ることができます。輪廻の世界に生まれることはありません。あなたは縁起の道理という教えによって目覚めた方です。いのちを終えたら必ず涅槃の世界に到ることができます。どうか私を信じてください」とピンギヤに言うのです。それを聞いてピンギヤは大変感動して、心から釈尊の言葉を信じきって、安らかにいのちを終えていったという内容なのです。

そこに、信じるという世界があります。「あなたは間違いなく涅槃に至るのです。私を信じなさい」と説く釈尊の言葉を信じて、ピンギヤは安らかにいのちを終えていくのですが、これは私たちがいただいている浄土真宗の教えに非常に近いといえます。

## 仏法に背いて生きる

私たちのように、釈尊の教えに出遇《であ》い、「生かされている私」に目覚めたけれども、どうしても「私が生きている」という自我に束縛されて生きている自身について、七高僧の第五祖である中国の善導《ぜんどう》(六一三〜六八一年)の、有名な「機の深信《じんしん》」といわれる感銘深い言葉があります。

「自身は現にこれ罪悪《ざいあく》生死《しょうじ》の凡夫《ぼんぶ》、曠劫《こうごう》より已来《このかた》、常に没《もつ》し常に流転《るてん》して、出離《しゅつり》の縁《えん》あることなし」と信ず。

(『真宗聖典』二一五頁)

釈尊の教えに出遇って、「生かされている私」であったという目覚めをいただきながら、現在ただ今のこの私は「罪悪生死の凡夫」であるといっているのです。真実に出遇ったにもかかわらず、それに背いて生きていることは罪悪であると。釈尊の教えに出遇って「そうでありました」と目覚めて、仏に成りたいと願いながら、そのように生きていない自分を罪であり悪であるといっているのです。これは、いわゆる社会的な罪や悪のことではありません。今の浄土真宗の人たちでも、仏教が説く罪悪と一般的な罪悪とを混同して語られることが多くありますが、仏教では自らの目覚めに背いて生きることを罪悪というのです。

「罪悪生死の凡夫」というのは、自己反省して「私は悪い人です」というような、理性による反省ではありません。仏法に背くことを、仏教では罪悪というのです。社会が定めた罪悪ではありません。人間社会における罪悪は、境遇《きょうぐう》が変わればみんなバラバラです。例えば、キリスト教の国である欧米における罪悪とイスラム教の国における罪悪と共産主義の国である中国における罪悪は内容がそれぞれ異なるのです。罪や悪という概念は時代によっても地域によっても宗教によっても異なっているのです。民族によってもバラバラなのです。そういったバラバラなものを、ここで問題にしているのではありません。あくまでも、仏教に出遇いながら、それに背いているということを「罪悪」といって問題にしているのです。

そして「生死」という言葉も、単純に生まれて死んでいくことというような、それで分かったつもりになっていますが、そういう生物的に生まれて死んでいくということだけをいっているのではありません。この生きている世界を「生死」と見定めたのは、仏教だけなのです。キリスト教ではこの世界を生死とは見ません。

生死という言葉は、サンスクリット語で「サンサーラ」といいます。これは普通「輪廻」と漢訳されます。このサンサーラというサンスクリット語は、「生存の繰り返し」とか、「生存の循環」という意味です。それを漢訳者は、「生死」とも訳したのです。これもやはり優れた訳だと思うのですが、つまりこの生死の世界は、単に生物としての体が生まれて死ぬことだけで成り立っているわけではなく、そこを

「生きていたい」、「死にたくない」という人間の自我、つまり生老病死に苦悩する世界と見たのです。そのような生死に苦悩する人間の生きるあり方を「生死」と漢訳したのです。そういう意味では、犬や猫には「生死」という自覚はないといえます。このように仏教だけが、この世に生きていることを「生死」と定義しています。

ですから、「輪廻」の繰り返しというのは、「生死」の繰り返しのことです。それは「生きていたい」「死にたくない」という人間の分別によってつくりだされている世界、その生死に愛着し、埋没《まいぼつ》しているあり方が「生死」なのです。善導は、仏法に目覚めながらそれに背き生死の世界に長く生きることばかりを願い、生死を追い求め続けている自分自身のあり様を、「常に没し常に流転して、出離の縁あることなし」と、つまり生死から離れていく因縁がまったくないと、厳しく自身を問いただしているのです。

## 罪悪の自覚

この生死の世界について、例えば本願寺第八代の蓮如《れんにょ》は、お手紙である「御文《おふみ》」の中で次のように分かり易く書いておられます。

「ただあきないをもし、奉公《ほうこう》をもせよ、猟《りょう》、すなどりをもせよ、かかるあさましき罪業《ざいごう》にのみ、朝夕《ちょうせき》まどいぬるわれらごときのいたずらもの」(『真宗聖典』七六二頁)

「あきないをもし」とは、商売のことです。「奉公をもせよ」というのは、今でいうサラリーマンのことです。「猟、すなどり」というのは、人間の食物をつくる人、つまり生き物を殺して生活している人のことです。現代でも同じですが、そういう人がいなければ私たちは生きていけません。お金がなければ生きていけませんから、いろいろと商売をしなさい、それから奉公もしなさいと、それから食べなければ生きていけませんから猟をしなさいと。しかし、「かかるあさましき罪業にのみ、朝夕まどいぬる」と、すなわち朝から夕方まで一日中、それだけに迷って生きていることを「あさましき罪業」といっているのです。

私たちは生きるために食べていかなければならない。だから商いもするし奉公もするし、生き物も殺さなければならない。しかし、それだけに生きていることを蓮如は罪業だというのです。つまり、生きているいのちの意味を問うことなく、「儲《もう》かりますか」「損しましたか」

ということだけに始終して生きている生き方、これが生死なのです。

先の善導の言葉では、「自身は現にこれ罪悪生死の凡夫、曠劫より已来」です。いつからとは分からないけれど、いつのまにかそういうことのみにかかりはてて私は生きている。人間として生を受けた私は、いつも生死に束縛され、仏さまの教えに出遇ったにもかかわらず生死に愛着し、この生死の世界に少しでも長く生き続けることを願って、長寿を祝って生きている。「仏法聞き難し、いますでに聞く」と釈尊の教えに帰依《きえ》しながら、その教えに生きる者となることのできない私でありますと、そういっておられるのです。そういうことが、仏教における罪悪なのです。

# 本願のはたらき

このような善導による「罪悪生死の凡夫」という自覚は、それはそのまま、私たちにも当てはまります。釈尊の教えに導かれて、「生かされている私」といういのちの真実に目覚め、目覚めたとおりに生きる者となりたいと願う者を、一人も残さず仏と成らしめることをあきらかにしたのが浄土思想です。そこに、阿弥陀如来《あみだにょらい》の本願《ほんがん》が説かれているのです。

決して自分がいて自分が生きているのではない。様々な因縁によって存在しているこの私である。そういういのちへの目覚めをもって、そうではない生き方をしている私を常に問い直していく。そういう私の生き方を照らし出す「はたらき」としていただいているのが阿弥陀如来の本願なのです。いのちの真実に目覚めて、そしてそれに背いて生きている自己自身を深く慚愧しながら生きる者となりなさいと、そのように私たちにはたらきかけている仏の智慧のはたらきを本願というのです。

最初から本願があるわけではないのです。釈尊の覚りがなければ本願はあり得ません。たまたま、釈尊の覚りという歴史的な事実があったから、それをとおして私たちは本願のはたらきをいただいていくことができるのです。ですから、釈尊が存在しなかったら、本願は私たちのもとに近づいてきません。そういう意味で、釈尊の智慧のはたらきである本願というのは、私たちに「生かされている私」であるということに「目覚めよ」という促しなのです。親鸞はこの本願に出遇われたのです。

## 縁起的存在

私たちは、基本的には因縁によって成り立っている「縁起している私」です。「生かされている私」です。それを「縁起的存在」といいます。「縁起している私」としてただいま存在しているのです。私たちは縁起的存在であり、因縁のままにしか生かされていない私であるが故に、私を私たらしめていた因縁が尽き果てた寂滅《じゃくめつ》のあり方を、釈尊は涅槃と説いたのです。その涅槃の世界へと還《かえ》らせてもらう、それが浄土に往生していくということです。それが涅槃に至るということです。このことを親鸞は、「ながく生死《しょうじ》をすてはてて　自然《じねん》の浄土《じょうど》にいたるなれ」(『真宗聖典』四九六頁）とうたっています。

私たちはともすると死後の世界に何かを求めます。そのために人間の都合にあわせた理想の世界が浄土であると語ったりします。しかしそうではないのです。縁起的存在であるという目覚めをもった者であるからこそ、たとえその目覚めに背いて生きていても、私たちは、涅槃の世界に必ず至る者である、浄土に往生するものであるということを説いているのが浄土思想です。そこに本願が説かれるのです。私たちに目覚めを促すために本願が説かれているのです。

私が今、話をさせていただいていることは、私が気付いたことではありません。釈尊の覚りという、非常に具体的な事実をとおして私のところまでその教えが届いてきているから、私は「あぁそうなんだな」と聞き難くして聞くことができたのです。私が自分の力で覚った、そのようなことではありません。釈尊の教えがなかったら、私のような者は自分で覚ることなどできません。そういう中で、私の覚りがあり得ているのです。

私たちは縁起的存在であるが故に必ず浄土に往生していきます。浄土に往生していくといっても、死後に別の世界に生まれ変わるということではありません。縁起的存在であるが故に、あらゆる条件がしずまった涅槃の世界へと必ず還らせてもらう。何の不安も心配もいらないのです。必然的にそうなるのです。それが「自然《じねん》（自《おの》ずから然《しか》らしむ）の浄土」です。それを親鸞は、「必至滅度《ひっしめつど》」（必ず滅度なる涅槃に至る）と受け取られました。

## 近代理性主義を超える

私たちには自我による理性というものがあって、理性によって私たちは生きなければならないのであるというのが理性信奉主義です。そのために「私が生きている」という思い込みが私たちには根付いているのです。けれども、釈尊の教えに目覚めてみれば、そのような自我による理性は元々ないのです。人間には理性があるということは何の根拠もないのです。しかしヨーロッパに始まる西洋の哲学では、そういう理性がなければ人間の世界は成り立たないという前提に立って物事を考えているのです。

けれども、私たちは因縁のままに「生かされている私」としてしか存在し得ていないのです。因縁のままに、時には善い行いをし、時には悪い行いをしてしまう存在なのです。『歎異抄《たんにしょう》』にもあるように、「人殺しをせよ」といっても人を殺す因縁がなければ殺せませんし、逆に「殺すな」といっても、殺すべき因縁に出会えば殺すこともあるのです。「さるべき業縁《ごうえん》のもよおせば、いかなるふるまいもすべし」(『真宗聖典』六三四頁)とあるように、みんな因縁のままに、因縁のもよおしによって生きているのです。それを引き受けて生きていく人間になってほしいと私たちは願われているのです。自分のうえに理性があるかのように錯覚して「こうあるべきである」と思って生きているのですが、そのとおりには生きられないのが人間の現実です。私たちはそのような現実に対しての自覚をもたなければなりません。

# おわりに

　このように、理性主義に立って生きるのではなく、因縁のままに生きることを教えてくれているのが仏教です。私たちが称《とな》える念仏もこの「生かされている私」への目覚めを促しているのです。私たちの先輩がおっしゃったように「念仏は自我崩壊の響きであり、自己誕生の産声《うぶごえ》である」といえます。南無阿弥陀仏という念仏は、「私が生きている」という自我による理性主義が崩壊する響きです。そしてそこに、因縁のままに「生かされている私」という自己が誕生する産声です。念仏によって、「私が生きている」という自我の束縛から離れ、理性から解放されて、「生かされている私」という自己が顕現するのです。ここに仏教の教えの基本があります。自我が崩壊して理性が無くなったなら人間は堕落すると思うかもしれませんが、そうではないのです。「さるべき業縁」のままに私たち人間は生きてきたのであり、現に今も生きているのです。因縁のままに「生かされている私」であるという「自己」によって私たちの人間世界は成り立っているのです。

最後に具体的な教育の一例を取り上げて終わりたいと思います。「私は生きている」という自我による理性主義では、「人に迷惑をかけてはいけない」という教育に立たなければなりません。しかし、人に迷惑をかけずに生きてきた人は一人もいません。それに対して、因縁のままに「生かされている私」という自覚に立ったならば、お互いに因縁のままに「人に迷惑をかけて生きている」という教育に安心して立つことができます。そして「私が生きている」ということと「生かされている私」ということの決定的な相異をあきらかにすることこそが真宗教育ではないでしょうか。

本書は、真宗大谷派学校連合会「第四十回宗教科担当者研究会」（二〇一三年八月二十九日）の講義録を加筆訂正したものです。

小さな命に大きな願い

**真宗大谷派学校連合会**

## 【真宗大谷派学校連合会加盟学園・加盟校 エリアマップ】

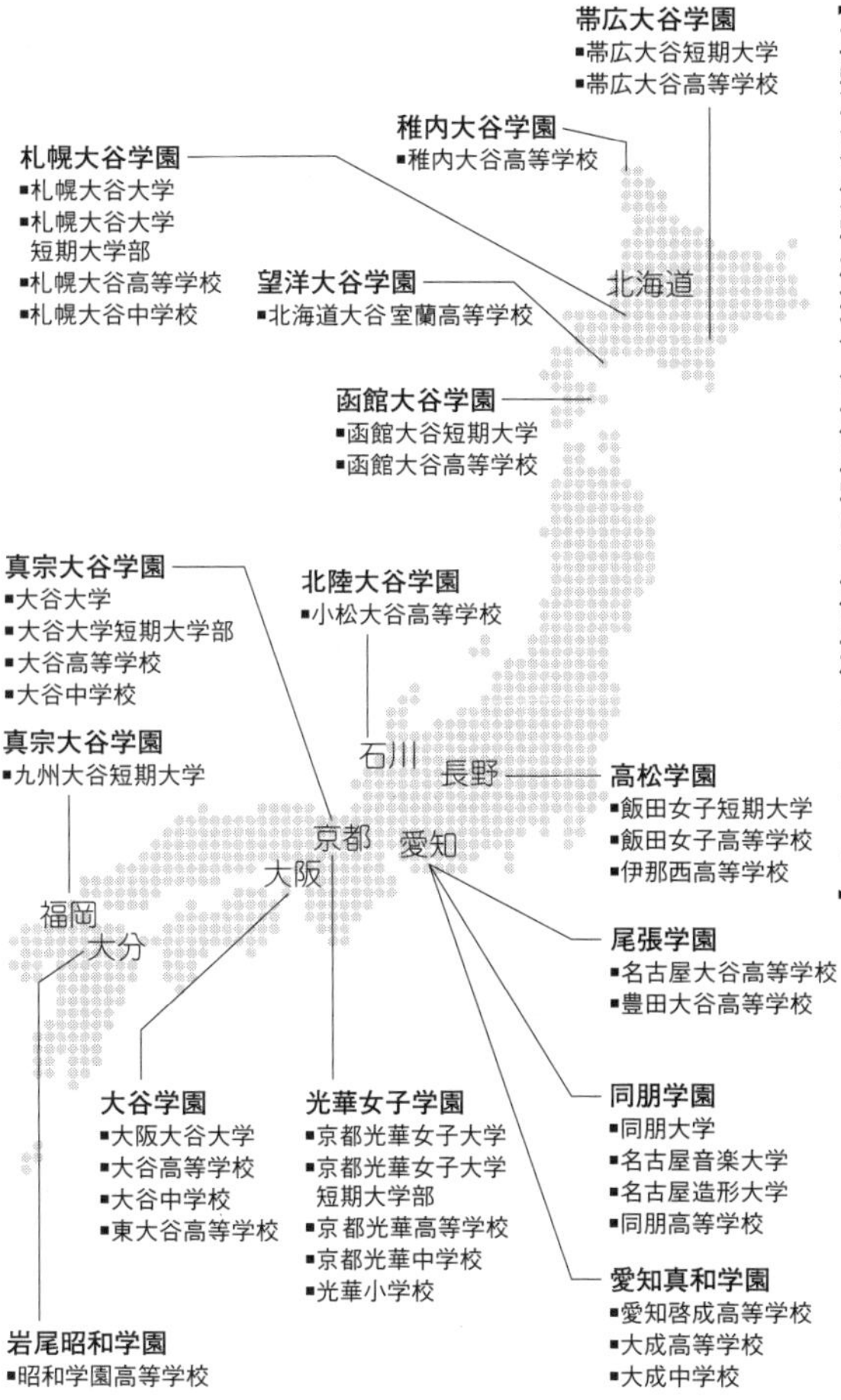

## 【真宗大谷派学校連合会加盟学園・加盟校一覧表】

| 学園名 | 学校名 | 学部・学科 | 所在地 | 電話番号 | 建学の精神（校訓） |
|---|---|---|---|---|---|
| 稚内大谷学園 | 稚内大谷高等学校 | 普通科 | 097-0012<br>稚内市富岡1丁目1-1 | 0162-32-2660 | ●仏教の精神を基調とした全人教育を行い、世の光明となる人格を養成する。<br>●報恩感謝　和顔愛語<br>自己反省　学行一体 |
| 札幌大谷学園 | 札幌大谷大学 | 芸術学部<br>社会学部 | 065-8567<br>札幌市東区北16条東9丁目1-1 | 011-742-1651 | 清く　正しく　只一筋に<br>「生き切れない命は一つもない」<br>●一人も取りこぼさない教育<br>●選別をしない教育<br>●裁かない教育 |
| | 札幌大谷大学短期大学部 | 保育科<br>専攻科 | | | |
| | 札幌大谷高等学校 | 普通科<br>音楽科<br>美術科 | 065-0016<br>札幌市東区北16条東9丁目 | 011-731-2451 | 《四つの道しるべ》<br>●学び知ることの楽しみを味わおう<br>●すなおな心で真実を求めよう<br>●身体をすこやかに鍛えよう<br>●限りなき恵みに感謝しよう |
| | 札幌大谷中学校 | ― | | | |

| | | | | | | |
|---|---|---|---|---|---|---|
| 帯広大谷学園 | 帯広大谷短期大学 | 生活科学科<br>社会福祉科<br>地域教養学科 | 080-0335<br>北海道河東郡音更町希望が丘3-3 | 0155-42-4444 | 大いなる「いのち」に目覚め、人間として生きる喜びを見いだすことを願いとする。 | 真実・協調・敬愛 |
| | 帯広大谷高等学校 | 普通科 | 080-2469<br>帯広市西19条南4丁目35-1 | 0155-33-5813 | | 敬愛・自立・創造 |
| 望洋大谷学園 | 北海道大谷室蘭高等学校 | 普通科 | 050-0061<br>室蘭市八丁平3丁目1-1 | 0143-44-5641 | 《教育スローガン》<br>きょうも　会えたね<br>あしたも　楽しみ<br>《教育目標》<br>宗祖親鸞聖人が開顕された本願念仏の教えをよりどころとし、常に真実を求めんとする宗教教育の実践を理念とする。 | |

| 学園名 | 学校名 | 学部・学科 | 所在地 | 電話番号 | 建学の精神（校訓） |
|---|---|---|---|---|---|
| 函館大谷学園 | **函館大谷短期大学** | コミュニティ総合学科<br>こども学科<br>専攻科福祉専攻 | 041-0852<br>函館市鍛治1丁目2-3 | 0138-51-1786 | 親鸞聖人の「み教え」を基にした人間教育<br>かけがえのない「わたし一人」の発見と自覚、そして生まれた意義と生きる喜びを見いだそうとする意欲と自信。 |
| | **函館大谷高等学校** | 普通科 | | 0138-52-1834 | ●人生を正しく見て禍福に惑わず、真の幸福者になりましょう。<br>●報恩感謝　言行一致<br>親愛礼譲　和衷共同 |
| 高松学園 | **飯田女子短期大学** | 家政学科<br>幼児教育学科<br>看護学科<br>専攻科 | 395-8567<br>長野県飯田市松尾代田610 | 0265-22-4460 | 美しく生きる |
| | **飯田女子高等学校** | 普通科 | 395-8528<br>長野県飯田市上郷飯沼3135-3 | 0265-22-1386 | 「新しい時代にふさわしい教養豊かな女性を育てる高校を」という地域の願いを受けて、昭和34年に設立された。以来、「駄目な人は一人もいない」という信念をもって、生徒一人一人を大切にする教育が行われている。 |

| | | | | | |
|---|---|---|---|---|---|
| | 伊那西高等学校 | 普通科 | 399-4493<br>長野県伊那市西春近4851 | 0265-72-4091 | 和顔愛語<br>―和やかな顔・美しい言葉― |
| 北陸大谷学園 | 小松大谷高等学校 | 普通科<br>体育科 | 923-0313<br>石川県小松市津波倉町チ-1 | 0761-44-2551 | 親鸞聖人の教えと信仰を基調として、自己の心底を探求し、勤労と責任を重んじ、世に出てこの人あればこそといわれる人材を養成することを使命とする。<br>《生徒信条》<br>信仰―いのちの尊さに目覚めよう<br>研鑽―自分の花を咲かせよう<br>奉仕―微笑みの芽を育てよう |
| 尾張学園 | 名古屋大谷高等学校 | 普通科<br>商業科 | 467-8511<br>名古屋市瑞穂区高田町4-19 | 052-852-1121 | 人と生まれ　人になる<br>「宗祖親鸞聖人のみ教えに基づき、いのちを大切にし、真実に生きる人間形成をめざす」 |
| | 豊田大谷高等学校 | 普通科 | 470-0344<br>愛知県豊田市保見町南山1 | 0565-48-3511 | 命尊し<br>「自らの命の尊さに目覚め、他のあらゆる全ての命とともに真実の生き方を追求実現していく」 |

| 学園名 | 学校名 | 学部・学科 | 所在地 | 電話番号 | 建学の精神（校訓） |
| --- | --- | --- | --- | --- | --- |
| 同朋学園 | 同朋大学 | 文学部<br>社会福祉学部<br>大学院<br>別科 | 453-8540<br>名古屋市中村区<br>稲葉地町7-1 | 052-411-1113 | 同朋和敬の精神<br>～"共なるいのち"を生きる～<br>"Living together in Diversity" |
| | 名古屋音楽大学 | 音楽学部<br>大学院 | | 052-411-1115 | |
| | 名古屋造形大学 | 造形学部<br>大学院 | 485-8563<br>愛知県小牧市<br>大草年上坂<br>6004 | 0568-79-1111 | |
| | 同朋高等学校 | 普通科<br>商業科<br>音楽科 | 453-8540<br>名古屋市中村区<br>稲葉地町7-1 | 052-411-1159 | ●同朋精神<br>～"共なるいのち"を生きる～<br>●真理探究　相互和敬　体位向上 |
| 愛知真和学園 | 愛知啓成高等学校 | 普通科<br>商業科<br>生活文化科 | 492-8529<br>愛知県稲沢市<br>西町1丁目1-41 | 0587-32-5141 | 正・明・和・信 |
| | 大成高等学校 | 普通科 | 491-0814<br>愛知県一宮市<br>千秋町小山<br>字大福田<br>1878-2 | 0586-77-9900 | 報恩感謝　自学自修　質実剛健 |
| | 大成中学校 | — | | 0586-81-1118 | |

真宗大谷学園

| 学校 | 学部・学科 | 所在地 | 電話 | 理念 |
|---|---|---|---|---|
| 大谷大学 | 文学部<br>大学院 | 603-8143<br>京都市北区<br>小山上総町 | 075-432-3131 | ●自己の信念の確立<br>●本務遂行、相互敬愛、人格純真 |
| 大谷大学短期大学部 | 仏教科<br>幼児教育保育科 | | | |
| 九州大谷短期大学 | 仏教学科<br>表現学科<br>幼児教育学科<br>福祉学科<br>専攻科 | 833-0054<br>福岡県筑後市<br>蔵数495-1 | 0942-53-9900 | ●人生の主体者となる<br>●共に歴史と世界を生きる<br>●問いを学ぶ |
| 大谷高等学校 | 普通科 | 605-0965<br>京都市東山区<br>今熊野池田町12 | 075-541-1312 | 《教育理念》<br>樹心～人となる～<br>(TO BE HUMAN)<br>本願　いのちを大切にする<br>聞法　自分を発見する<br>同朋　友と共に歩む<br>精進　本気でやりとげる |
| 大谷中学校 | — | | | |

●浄土真宗の精神を世界に開くことを使命とする
●人間をエゴイズムから解放する教育と研究
●真の独立者として相互敬愛の心を有する人物を育成する

| 学園名 | 学校名 | 学部・学科 | 所在地 | 電話番号 | 建学の精神（校訓） |
|---|---|---|---|---|---|
| 光華女子学園 | 京都光華女子大学 | こども教育学部<br>人文学部<br>キャリア形成学部<br>健康科学部<br>大学院 | 615-0882<br>京都市右京区<br>西京極葛野町38 | 075-325-5305 | 真実心＝慈悲の心 |
| | 京都光華女子大学短期大学部 | ライフデザイン学科<br>こども保育学科 | | | |
| | 京都光華高等学校 | 普通科 | 615-0861<br>京都市右京区<br>西京極野田町39 | 075-325-5223 | 真実心 ～美しいひととなろう～ |
| | 京都光華中学校 | ― | | | |
| | 光華小学校 | ― | | 075-325-5250 | 真実心<br>《児童像》<br>「元気で明るく、勉強も頑張る子ども」 |

| | | | | | |
|---|---|---|---|---|---|
| 大谷学園 | 大阪大谷大学 | 文学部<br>教育学部<br>人間社会学部<br>薬学部<br>大学院 | 584-8540<br>大阪府富田林市<br>錦織北3丁目<br>11-1 | 0721-<br>24-0381 | 報恩感謝<br>《教育理念》<br>「自立」「創造」「共生」 |
| | 大谷高等学校 | 普通科 | 545-0041<br>大阪市阿倍野区<br>共立通2丁目<br>8-4 | 06-<br>6661-8400 | 朝に礼拝　夕に感謝<br>慈悲　やさしくきよらかに<br>和合　なかよくたすけあって<br>精進　つとめにはげみましょう |
| | 大谷中学校 | — | | 06-<br>6661-0385 | |
| | 東大谷高等学校 | 普通科 | 590-0111<br>大阪府堺市南区<br>三原台2丁2-2 | 072-<br>289-8069 | 朝に礼拝　夕に感謝<br>慈悲　いのちを　いつくしみ<br>和合　つながり　ともに生き<br>精進　まことの　人と成ろう |
| 岩尾昭和学園 | 昭和学園高等学校 | 普通科<br>看護学科<br>福祉科<br>調理科 | 877-0082<br>大分県日田市<br>日ノ出町14 | 0973-<br>22-7420 | 仏教の教えに基づいた報恩感謝の心の教育を基本として、「努力精進」「明朗融和」「感謝奉仕」を三綱領（校訓）として掲げ、自ら学び自ら考え生きる力を身につけた、時代にふさわしい人材の育成を目指す。 |

（2015年11月1日現在・北から順）

著者略歴

小川 一乗（おがわ いちじょう）

1936（昭和11）年、北海道生まれ。
大谷大学卒業。真宗大谷派講師。元真宗大谷派教学研究所長。元大谷大学長。現在、大谷大学名誉教授、北海道教区西照寺前住職。文学博士。専門はインド仏教学。著書に『本願—念仏成仏の教え』(東本願寺出版(出版部))、シリーズ親鸞第２巻『親鸞が出遇った釈尊—浄土思想の正意』（筑摩書房）、『空性思想の研究』（文栄堂）、『親鸞と大乗仏教』『仏教のさとりとは—釈尊から親鸞へ』『仏教からみた念仏成仏の教え』（以上、法藏館）など多数。

「私《わたし》」をあきらかにする仏教《ぶっきょう》
真宗教育シリーズ 6

2015（平成27）年11月28日 第１刷発行
2016（平成28）年３月28日 第２刷発行

著　者　小川 一乗
発行者　里雄 康意
編集発行　東本願寺出版（真宗大谷派宗務所出版部）
〒600-8505 京都市下京区烏丸通七条上る
TEL 075-371-9189（販売） 075-371-5099（編集）
FAX 075-371-9211
E-mail books@higashihonganji.or.jp（販売）
shuppan@higashihonganji.or.jp（編集）
真宗大谷派（東本願寺）ホームページ
http://www.higashihonganji.or.jp/

印刷所　㈲寶印刷工業所
デザイン　FACTORY


ISBN 978-4-8341-0516-2 C0195

## 「真宗教育シリーズ」刊行のことば

ともに生きる人間であるために、今わたしたちができること。

「いのちの尊厳性」が見失われつつある現代。だからこそ、一人ひとりの人間において、自他の「いのちの尊さ」に目覚め、生まれた意義と生きる喜びが見出されることが願われてやみません。

真宗大谷派（東本願寺）には、このような願いを宗祖親鸞聖人の教えにたずねながら《学校教育》というかたちで具現化しようと歩んできた歴史があります。そのような建学の精神を一にする学校があい集い、一九六五（昭和四〇）年、「真宗大谷派学校連合会」が結成されました。

この「真宗教育シリーズ」は、当連合会の加盟校において願われ展開されている人間教育のあり方を、同時代に生きるすべての人々と共有することを目的に刊行されることとなりました。

本シリーズをとおして、一人ひとりが人間として生まれた〈かけがえのなさ〉を確かめ、混迷きわまる現代をともに歩んでまいりたいと願っております。そして、有縁の皆様に本シリーズをおすすめいただければ幸いに存じます。

真宗大谷派学校連合会